AF258361

MAISON DES ENFANTS-TROUVÉS.

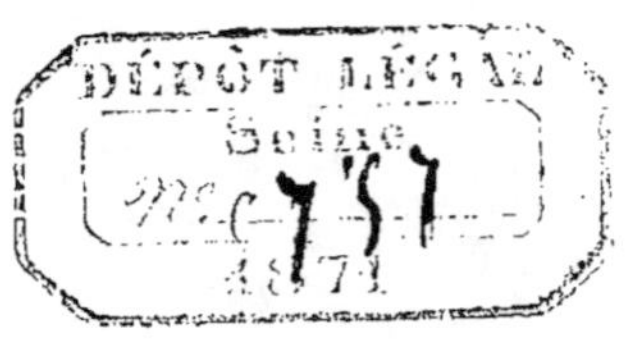

1er juin 1871.

Il y avait quinze jours que nous étions dans l'attente d'une visite des gardes nationaux : nous commencions à croire que le Divin Maître ne voulait point nous donner une part de son calice d'amertume, lorsque l'heure de la divine Providence arriva. Le 18 mai, jeudi, à sept heures du soir, on vint nous apprendre que les gardes nationaux, cernant la rue, venaient d'entrer chez les Religieuses aveugles de Saint-Paul, nos voisines, et les avaient mises sur le boulevard ; qu'ils avaient fait monter l'Aumônier et la Supérieure dans une voiture cellulaire pour être conduits à la Conciergerie et qu'ils étaient en train de faire leur visite. Nous comprîmes très-bien que notre tour ne se ferait pas longtemps attendre. En effet, le lendemain 19, vendredi à neuf heures du soir, à peine étions-nous dans nos lits, qu'on frappa à la porte du dortoir. — Qu'est-ce que c'est ? demande une Sœur. — On a sonné deux fois de la porte, répond l'in_ firmière qui frappait. — Allez voir ce que c’est. — Pendant ce temps nous nous habillons à la hâte, nous doutant bien de ce qui arrivait. Une minute après l’infirmière revient. — Ce sont les gardes nationaux, nous dit-elle tout effrayée, ils sont déjà partout avec leurs fusils. — Nous nous rendons vite dans nos offices, comme il était convenu avec ma Sœur, et les autres se rendent à la Chapelle où nous avions le bonheur de conserver la réserve. Les gardes nationaux étaient une quinzaine en faction à la porte et dans la cour d’entrée, pendant que le reste du bataillon commençait ses perquisitions. Ils étaient, tout d’abord, montés au dortoir des filles de service, au troisième étage, parce qu’ils avaient aperçu, disaient-ils, des lumières électriques : signaux avec Versailles, bien sûr, ce qui mérite peine de mort. Il faut donc trouver ces lumières. Ils entrent et ne voient rien. — Pourquoi n’y a-t-il pas de lumière ici? tout à-l’heure il y en avait, — s’écrient-ils avec force. A ces voix, les filles étonnées lèvent la tête; et, voyant briller les bayonnettes, elles poussent un cri d’effroi : — O mon Dieu ! —..... — N’ayez point peur, restez tranquilles, nous ne faisons pas tant de mal qu’on le dit. — Plus mortes que vives, elles se renfoncent dans leurs lits, car elles ne pouvaient point sortir, leur porte était gardée. Cependant nos visiteurs cherchent leur prétendue lumière; on tâche de leur faire comprendre que c’est le bec de gaz qui avait été allumé pour se coucher, mais ils n’en croient rien et persistent dans leur idée.

Cependant, après avoir fouillé dans tous les coins sans rien trouver, ils se décident à descendre. Le premier office, sur leur passage, était la Médecine. Le gaz était baissé, les rideaux des lits à demi fermés, et tous les malades tranquilles. Ils entrent; est-ce la crainte d’attraper quelque maladie? sont-ce les bons anges de ces chers petits innocents qui les ont effrayés?... bref, ils n’avancent que jusqu’au deuxième berceau et se retirent doucement. Ils descendent, et trouvent la Chirurgie : ils entrent; visitent tout jusqu'au cabinet du ménage, sans trop rien dire; et de là, passent aux dortoirs de nos orphelines. Là ils se montrèrent un peu moins agréables. Ils commencèrent par mettre un factionnaire à chaque porte. Dans le premier dortoir où sont nos plus jeunes, ils ne firent pas trop de bruit; mais, ayant trouvé là ma Sœur Supérieure qui les attendait, ils voulurent l'y consigner. A la tête de la bande était un jeune homme, tenant un revolver à la main et qui avait vraiment l'air d'un être infernal. Elle lui répondit qu'elle ne pouvait point demeurer là, qu'il lui appartenait de les conduire dans tous les offices; il ne put persister et dit alors brusquement : — Eh bien! passez devant. Il n'avait point accordé la même faveur à M. le Directeur; défense lui avait été faite de bouger de chez lui ; et deux sentinelles gardaient sa porte. Au bout du dortoir se trouve la Chapelle, où nos Sœurs priaient. Ils arrivent à la porte; nos cœurs battent bien fort; car, s'ils entrent, que vont-ils faire? Notre-Seigneur est là!... Oh! que le Divin Maître est bon! il voit nos angoisses, et il a pitié de nous; nos visiteurs mettent la main sur le bouton de la porte, le tournent, et, au lieu d'entrer, se retirent, reviennent sur leurs pas, quittent ce dortoir et montent au second. Ma Sœur les accompagnait toujours, elle ne les quitta point. Ils cherchent, fouillent comme des furieux qui ne savent ce qu'ils font.

Enfin, désappointés sans doute de ne rien trouver que de pauvres enfants, et probablement à eux, le chef se retourne, et d'un ton menaçant dit à la Sœur du service : — Il y a trop de coins et de recoins ici, on ne peut rien faire, nous ne sommes pas assez de monde, il faut au moins quatre bataillons, j'irai en chercher trois autres, et demain nous ferons une perquisition des plus minutieuses, lit par lit, linge par linge. — La pauvre Sœur, aussi blanche que sa cornette, faisait tous ses efforts pour ne point laisser paraître ses impressions; ce revolver presque constamment devant sa figure la faisait frissonner. Elle monte cependant avec eux au troisième. En arrivant sur le carré, ils aperçoivent un trou au plafond. — Qu'y a-t-il là? — Monsieur, un grenier. — Que contient-il? — Rien du tout, je pense, je n'y suis jamais montée. — Une échelle? — Monsieur, je n'en ai pas. Au reste il n'y a jamais rien... — Il nous faut savoir ce qu'il y a. — Au même moment entre une Sœur qui, les entendant, leur offre une échelle pour y monter. — Voyez-vous, voyez-vous, dit aussitôt le méchant, c'est toujours comme ça, il y en a donc une?... — La Sœur qui l'avait refusée s'empresse de répondre que ce n'était qu'un marche-pied, qu'il était beaucoup trop bas, mais que s'il le désirait on allait le lui porter de suite. En effet il put se convaincre de la vérité; car un seul fut assez hardi et se décida à faire le saut nécessaire pour atteindre la porte. La recherche fut faite; et on ne trouva d'autre trésor que des toiles d'araignées. Ils durent donc se contenter de leurs déceptions.

Ils quittent les dortoirs, repassent par la chirurgie, se font ouvrir une porte qui donne dans un petit escalier. — Où va cet escalier? demandent-ils brusquement. — Dans la cour, répond la sœur. — Eh bien! suivez-nous. — Pas toute seule, repart la Sœur; je vais appeler une de mes compagnes, et nous vous suivons. — Pourquoi faire? nous ne vous ferons pas de mal. — J'aime à le croire, mais nous aimons mieux être deux. — Ma Sœur Supérieure qui était là, causant avec l'un d'eux, y va. Vers le milieu dé l'escalier, le chef aperçoit, en dessous, la porte d'un tout petit caveau, qui servait autrefois à la pharmacie, et où il n'y a rien aujourd'hui. Il s'imagine, sans doute, y trouver les mines du Pérou; il se retourne brusquemment et s'écrie : — Délégué, sabre à la main, et prêt à vous en servir! — Arrivé à la porte : — Qu'y a-t-il là-dedans? — Monsieur, je n'en sais rien. — C'est toujours la même chose; c'est ici comme chez les Frères, on ne sait jamais rien. — Monsieur, repart la Sœur, je vous demande pardon, la Sœur qui a la clef du caveau, et qui va venir, saura, avant de l'ouvrir, vous dire ce qu'il contient. Nous avons chacune notre service et connaissons ce qu'il renferme. — La Sœur arrive, la question lui est adressée : — Qu'y a-t-il là-dedans? — Monsieur, rien du tout. — On ouvre la porte, et il s'allonge, afin de pénétrer jusqu'au fond, mais ne trouve rien. Du coup, il fut découragé. — Je suis fatigué, dit-il, je n'ai rien pris depuis ce matin, je vais me coucher un peu; demain matin, nous recommencerons. Allez-y aussi, mes Sœurs, cela ne vous fera pas de mal. — Il était trois heures et demie du matin; depuis neuf heures du soir, ils ne s'étaient point arrêtés.

Ils vont dans la cour; mais, au lieu de se retirer, comme nous l'espérions, ils se rendent dans les bureaux, et font dire à ma Sœur de leur envoyer à déjeûner. Il n'y avait point à refuser; on se met donc en devoir de préparer ce qu'il y a, et on le leur envoie. Nous profitons de ce temps pour terminer nos préparatifs de voyage. Nous ne savions pas si nous trouverions encore le moyen de nous réunir. D'un moment à l'autre, ils pouvaient nous mettre dehors. Ma Sœur nous donna donc à chacune les obédiences et l'argent nécessaire pour faire notre voyage. Notre cœur était navré à cette pensée de départ et de séparation; nous étions cependant très-calmes; nous rentrâmes dans nos offices et nous en occupâmes comme d'habitude. Quatre-vingts gardes nationaux étaient installés dans la maison, et s'y trouvaient, disaient-ils, très-bien. Le Bon Maître, dans sa miséricorde à notre égard, fit disparaître ce jeune et si méchant chef; nous ne l'avons plus revu. Nous nous attendions à les voir recommencer leurs recherches, mais ils ne se trouvèrent sans doute pas disposés à travailler, et passèrent la journée à boire, manger, et dormir dans la grande cour d'entrée. Quel spectacle!...

Dans l'après-midi, voyant nos petits orphelins venir tout simplement leur demander des cartouches, ils causèrent avec eux. Mais nos enfants furent charmants. On leur demandait si nous les soignions bien, si nous les aimions, s'ils nous aimaient, etc., etc.; et ils répondirent tous d'une voix :—Oh ! je crois bien, elles sont pour nous de véritables mères. — Puis, avec la simplicité de l'enfance, montrant leurs chemises : — Voyez, Monsieur comme elles nous changent, nous tiennent propres; elles nous donnent tout ce qu'il nous faut. Qu'on ne nous les prenne pas, au moins, comme on a fait de deux bons Frères que nous avions pour nous faire la classe, et que nous aimions beaucoup; nous voudrions bien qu'on nous les rende. — Le chef qui se trouvait là demanda le nom des deux frères, en prit note, et promit aux enfants de les faire revenir. Ils furent tous contents et s'en retournèrent en sautant de joie. Nous passâmes ainsi notre journée du samedi assez tranquilles, mais nous avions une inquiétude : notre bon et digne aumônier était dans son appartement, un factionnaire au bas de l'escalier : impossible donc de bouger ; et s'ils le voient?... La veille ils ont emmené à la Conciergerie celui des Religieuses aveugles de Saint-Paul : certainement il aura le même sort. Heureusement le Bon Maître l'a gardé et préservé de tout accident.

A dix heures du soir, les Fédérés, qui s'étaient sans doute assez reposés, recommencèrent leurs recherches. On prévint ma Sœur qui se rendit aussitôt près d'eux avec deux compagnes. Ce n'étaient plus cette fois des lumières, qu'ils alléguaient comme motif de leurs démarches, mais des souterrains allant jusqu'aux portes de Paris , et communiquant avec Versailles. Il fallut donc faire cette visite nocturne dans les égouts, caves, souterrains, etc. Comme la veille, elle se trouva sans aucun bon résultat pour eux. Ils ne furent pas méchants. Un de nos employés les conduisait. Arrivé au bout d'un égout, il les avertit de prendre garde, parce qu'il y a là un puisard très-profond, et qu'il pourrait leur arriver quelque accident. Ils furent très-sensibles à cette attention, ce qui les porta, je crois, à être très-convenables. Ils suspendirent leurs perquisitions, et retournèrent dans la cour, car ils étaient bien installés dans la maison. C'était le dimanche 21. Il va sans dire que nous n'eûmes pas de messe. Nous nous dédommageâmes de notre mieux, en nous tenant le plus possible, sans imprudence, au pied du Tabernacle que notre bon et divin Sauveur n'avait point quitté. En permettant qu'ils vinssent jusqu'à la porte de la Chapelle sans entrer, alors qu'ils fouillaient partout, Notre-Seigneur ne nous disait-il pas assez d'avoir confiance, qu'il voulait rester au milieu de nous ?

Le soir, à cinq heures, arrivait une visite importante : c'étaient quatre des principaux délégués de la Commune, n'ayant d'autre but que de se rendre compte du personnel nécessaire pour nous remplacer, et puis nous mettre dehors. Ils firent le tour des services, et décidèrent que le lendemain lundi, 22, on nous chasserait. Entièrement abandonnées entre les bras, ou plutôt dans le cœur du divin Maître, nous demeurâmes calmes et tranquilles malgré tout. Cette pensée de la toute-puissance de Dieu nous soutenait, nous animait, nous fortifiait, nous ôtait même, dirais-je, la crainte du danger... Nous allâmes souper et nous fîmes la récréation comme d'habitude. A neuf heures, nous allions nous mettre sur nos lits, comptant être bientôt appelées par ces êtres inhumains, à qui il faut les ténèbres de la nuit pour accomplir leurs œuvres détestables. Ils ne parurent pas, et nous laissèrent reposer. On leur avait préparé des lits à l'ambulance ; ils s'y trouvèrent si bien qu'ils n'eurent probablement pas le courage de se lever.

Le lundi matin, 22, nous étions au réfectoire à déjeûner, lorsqu'une de nos Sœurs entra précipitamment en s'écriant :

« Les Versaillais sont dans Paris !»—Nous ne pouvions d'abord y croire, la nouvelle nous semblait trop heureuse ; mais en sortant du réfectoire, nous en fûmes assurées par l'agitation, le trouble, l'effroi des gardes nationaux. On n'entendait qu'un cri : — Nous sommes perdus !... Vite, vite des barricades !... — C'était un désordre, une confusion effrayante : ils entraient, sortaient, vociféraient ; c'était une véritable troupe d'insensés pris d'un délire furieux. On se met en devoir d'élever la barricade à la porte. M. le Directeur, tout dévoué pour sa Maison, descend au milieu de ce chaos, au risque d'être écharpé, pour leur faire comprendre que c'est exposer la vie de huit à neuf cents enfants, que, par conséquent, ils devaient faire plus loin leur barricade. Mais la rage et la fureur n'écoutaient que la passion et non point la raison. Pour toute réponse, il n'entendit que ce mot : — Qu'on empoigne ce citoyen !... Il n'eut qu'à rentrer au plus vite pour échapper à un danger imminent. Les voilà donc en train, en vrais énergumènes, de dépaver la rue et de faire leur barricade. C'était sous nos fenêtres ; nous suivions tous leurs travaux, tous leurs mouvements. La journée du lundi se passa ainsi. Nous fûmes tranquilles, car on n'avait pas eu le temps de venir nous mettre dehors. Quelle Providence !... Dans l'après-midi, un des employés du bureau, très-respectable et tout dévoué, s'était hasardé à monter chez M. l'Aumônier pour le délivrer de sa captivité ; il lui fit mettre des habits de laïque, le prit par le bras, et, comme de bons amis qui causent ensemble, lui fit traverser la cour au milieu des insurgés et le conduisit dans la chambre que nous lui avions préparée à l'autre extrémité de la maison. Ce n'est pas sans émotion que M. l'Aumônier avait fait cette périlleuse traversée ; il était pâle comme un mort en arrivant, et son libérateur était tout heureux de le voir hors du danger où il était, depuis le vendredi soir.

Mardi, 23, le manége de la veille recommença, mais au

désordre se joint une fusillade continue. Cachés derrière la barricade, les Fédérés deviennent de plus en plus furieux. Les balles pleuvent dans notre cour, il en entre même dans nos infirmeries ; deux, coup sur coup, traversent une des salles de chirurgie : heureusement, Dieu veille sur nos chers enfants, et conduit les balles au-dessus des berceaux. Il n'y a point d'accident. Enragés et ne sachant plus qu'inventer pour écraser l'armée, les insurgés entrent pour créneler les murs et les croisées des appartements de M. le Directeur et de M. l'Économe qui donnent sur la rue. Ils veulent tirer de partout ; mais ces Messieurs s'y opposent si énergiquement qu'ils les en empêchent. C'était déjà bien assez qu'ils eussent fait tomber une partie du mur du jardin pour placer leur canon. A onze heures, ils viennent demander une ambulance, au plus vite. M. le Directeur refuse, faisant valoir la convention de Genève. Nos quatre-vingts gardes nationaux étaient toujours là ; et de plus on avait apporté un chariot d'armes, qu'on avait enfermées, et qui étaient probablement, nous le pensons, du moins, pour armer nos gens de service et nos grands orphelins quand les troupes de Versailles entreraient. On insiste, on ne sait où mettre les blessés. Un major arrive et dit qu'il va faire sortir les gardes nationaux, qu'on mette de suite le drapeau d'ambulance. — Cela nous va beaucoup mieux ! mais les insurgés partiront-ils ? Ils se trouvent si bien ici ! Ce ne fut, en effet, qu'à grand'peine qu'on parvint à les faire sortir. Les chefs criaient, se fâchaient, les poussaient même, mais ils se sauvaient de tous les côtés, dans le jardin, partout. Enfin, on en vient à bout ; l'ambulance est prête, on apporte des blessés, et à chaque instant nous voyons entrer ce hamac plein de sang qui nous fait frissonner d'horreur.

Environ une heure après cette organisation, arrivaient les malades de l'ambulance des Religieuses Aveugles de Saint-Paul (celles qui avaient été chassées), trop exposés,

soi-disant, à la pluie des balles et des obus. Tout le personnel vint en même temps, c'est-à-dire les citoyennes qui
avaient remplacé les religieuses. Nous recevions tout ce
monde sans nous douter de rien. Les insurgés blessés commencèrent à dire hautement qu'ils ne voulaient point de
Versaillaises pour les soigner. Certes, il n'était déjà pas si
agréable pour la Sœur de se trouver mêlée à ces affreuses
citoyennes ; et il fallait bien que la charité de Jésus crucifié
la pressât, pour qu'elle eût le courage d'y rester.

Le soir arriva ; les gardes nationaux, toujours acharnés à
leur barricade, redoublaient de fureur à mesure qu'ils
sentaient que l'armée avançait. La plupart de nos Sœurs
demeurèrent debout comme les nuits précédentes ; quelques-unes, n'en pouvant plus de fatigue, se jetèrent sur
leurs lits, mais ce ne fut pas pour longtemps.

A dix heures, on ouvre la porte du dortoir en disant :
— Vite, nos Sœurs, rendez-vous dans vos services, les gardes
nationaux viennent de mettre le feu au Bon-Pasteur. — C'est
une Communauté tout à fait en face de nous, et, avec la rue si
étroite, on comprend que nous touchions presque les charbons
avec la main. Nous arrivons, en toute hâte, dans nos offices ;
quelques-uns nous paraissent en feu, tant ils sont éclairés par
les flammes. Au premier moment, nous croyions tout perdu ;
l'incendie était affreux, je dirais magnifique, si ce n'étaient
point des mains et surtout des cœurs sacriléges qui l'eussent
allumé. Tombant à genoux avec nos filles de service, aux
pieds de notre bonne et toute-puissante Mère, l'Immaculée
Marie, nous récitâmes ses litanies ; et puis, pleines de confiance en cette tendre protectrice des orphelins, nous regar-
dâmes brûler cet immense bâtiment, qui avait abrité tant
d'âmes repentantes, et vu tant de sincères et ferventes ex-
piations. Il y avait à peine une demi-heure qu'une centaine
y étaient encore. On les avait enfermées dans une cave,
avec les religieuses, pour les faire brûler. Un des chefs, moins

barbare que les autres, en eut compassion. Il parla de les faire sortir, on refusa ; une discussion s'engagea, on alla jusqu'à tirer les armes, et il fut sur le point de devenir victime, pour avoir dit une parole humaine. Cependant il ne se découragea point; il avait résolu de les sauver, il prit un autre moyen. On avait fait des trous du côté de l'Observatoire, ce fut par là qu'il les fit passer en grand silence, et les conduisit lui-même, à minuit, dans l'obscurité la plus profonde jusqu'à l'Hôtel-Dieu, où elles trouvèrent l'hospitalité. Toutefois, avant d'y arriver, elles furent obligées de faire plusieurs stations, et contraintes de recevoir bien des insultes et des railleries. Ceux qui passaient, sachant qu'elles se sauvaient de leur maison en feu, leur criaient ironiquement : — Retournez-y donc, vous irez plus vite au Ciel ! et cela nous évitera la peine de vous faire des cercueils. — L'intensité du feu allait toujours croissant; on voyait bien la rage de Satan se déchaînant contre cet asile de l'expiation et de la vertu. Les flammes semblaient arriver jusqu'à nous; les étincelles tombaient sur la lingerie, qu'on se hâta de déménager. Quel spectacle que ce feu dévorant ! Quelle nuit !..

Une nouvelle émotion, non moins grande, nous attendait dès l'aurore. A cinq heures du matin, qu'apercevons-nous dans nos cours ?.. Les soldats de la ligne, marchant à pas de loups, dans le plus grand silence. Ils venaient, en reconnaissance, voir comment ils pourraient prendre la barricade. Ils étaient entrés par une brèche que les gardes nationaux avaient faite dans le mur qui communique chez les Religieuses aveugles, afin de pouvoir se sauver au besoin. Voilà comment Dieu se sert des travaux des méchants pour accomplir l'œuvre des bons.

Comment exprimer ce que chacun ressentit à la vue de l'armée? Ce serait bien impossible. D'abord, ce fut un sentiment de joie indicible; mais bientôt après, en constatant leur petit nombre, une cinquantaine seulement, et plus de

cent insurgés à la barricade, sans compter un énorme groupe
que nous apercevions un peu plus loin, assis derrière un mur,
et tous ceux qui, dans les maisons voisines, tiraient par les
persiennes et donnaient en plein sur notre cour ; en constatant, dis-je, leur petit nombre, nous ne doutions pas, un
seul instant, de voir sous nos yeux le plus affreux carnage
suivi de notre massacre. L'anxiété était à son comble, on
demeurait interdit, personne ne disait mot ; mais la pâleur
des figures trahissait les sentiments de la nature.

Nous suivions des yeux, par les fenêtres, la manœuvre de
nos soldats. Un officier, avec quatre de ses hommes, alla
se mettre en embuscade à la porte du petit jardin où est
placé le canon de la barricade ; nous frémissions. Il ou-
vrit doucement la porte : que vit-il? un gamin de quatorze ans, armé, servant d'espion aux insurgés. Il le saisit
par son revolver, le lui déchargea dans le bras et l'en-
voya ensuite à l'ambulance. Quelques jours après on lui faisait l'amputation. L'officier continua d'examiner la position ;
chaque minute augmentait notre terreur. Il traversa l'ambulance : qu'allaient dire et faire les insurgés blessés ?.. car
ils ne l'étaient pas tous gravement... Pas un n'osa bouger ;
ils étaient tous furieux, enragés, mais tout tremblants. Dieu
les tenait sous sa main toute-puissante. Et ceux de la barricade, des maisons voisines, de l'Observatoire, Dieu les
avait sans doute aveuglés, ils ne voyaient rien. Notre officier,
avec ses quatre soldats, après avoir bien examiné et con-
staté qu'il était impossible d'attaquer de ce côté sans s'exposer à perdre beaucoup d'hommes, se retira pour aller re-
joindre le reste du détachement qui l'attendait dans le jardin.
Ils s'en retournaient aussi tranquillement qu'ils étaient entrés, quand ils apprirent que nous avions ces fameuses
citoyennes venues la veille, sous prétexte d'échapper au
danger des balles. Nous nous étions laissées prendre à leur
ruse, et les avions reçues avec compassion. Ce n'étaient point

les balles qu'elles fuyaient, mais l'armée, que depuis deux jours elles trahissaient, en faisant connaître aux insurgés les lieux qu'elle occupait. Les sachant donc dans la maison, l'officier les réclama. Il prit avec lui quelques soldats, et on les conduisit dans la salle où elles étaient. Depuis le matin, elles n'étaient point à leur aise. Dès la nuit même il y en avait une qui courait partout, nous la trouvions dans tous les coins, elle cherchait toujours à être mêlée au personnel de la maison, impossible de la tenir dans sa chambre. En apercevant les militaires, elles poussent un cri, se lèvent comme des furies, prennent la course, descendent l'escalier quatre à quatre, et, rencontrant trois Sœurs dans le corridor, se jettent dans leurs bras, se cachant sous les cornettes. — Mes Sœurs ! mes Sœurs ! s'écrient-elles, sauvez-nous ! sauvez-nous ! ayez de la charité ; nous sommes mères de familles, oh ! sauvez-nous !.. —Elles avaient les yeux hagards comme des folles et tremblaient comme la feuille. Nous ne savions ce que cela voulait dire. Nous le comprîmes bientôt en voyant sur nos épaules les bras des soldats, qui les saisissaient. Ces malheureuses ne s'en cramponnaient que plus fortement à nous ; elles nous firent compassion, nous demandâmes leur grâce. L'officier nous répondit avec bienveillance, mais avec fermeté :—Je vous en prie, mes Sœurs, laissez-les aller, nous savons le mal qu'elles nous font depuis trois jours. — A ces mots, elles se mirent à hurler de telle sorte, que nous craignîmes qu'elles ne fussent entendues de la rue et que les insurgés ne montassent à leur secours. Mais l'officier, son revolver à la main, leur dit d'un ton sévère : — Si vous bronchez, je vous fais fusiller sur place. — Elles n'osèrent plus bouger, ils les emmenèrent. Nous étions navrées, brisées de toutes ces scènes affreuses ; et cependant la journée ne faisait que commencer, et elle ne devait, certes, pas se continuer plus gaiement.

Il semblait qu'on se doutât de quelque chose à la barricade. A chaque instant, les regards et les gestes se tournaient menaçants vers nous, on tirait de tous les côtés; à chaque coup de canon, toute la maison tremblait, les balles tombaient en telle abondance à la division de nos orphelines, qu'on fut obligé de les faire descendre dans les caves. Vers dix heures, les gardes nationaux demandèrent au concierge si les Versaillais étaient dans la maison. D'un ton déterminé, il leur répondit : — Les Versaillais? qu'en ferions-nous? c'est bien assez d'y avoir douze cents enfants sans avoir une armée. — Ils se retirèrent avec cette réponse, mais ce ne fut pas pour longtemps. Vers midi, ils apprennent que réellement les Versaillais sont entrés, et ils veulent incendier la maison. Ils entrent, demandent le Directeur, et lui disent : — Vous nous avez trahis, vous avez donné entrée à l'armée, nous allons mettre le feu... M. le Directeur leur répond avec beaucoup de calme et un grand sang-froid : Il y a quelques jours, vous êtes venus vous installer dans la maison sans mon autorisation, n'est-ce pas? L'armée a fait de même, elle a profité de la brèche que vous avez faite au mur du jardin pour passer; je n'y suis pour rien. — Ils n'acceptent point ces raisons, bien justes pourtant, et persistent dans leur menace. M. le Directeur leur montre la barbarie qu'il y aurait à exposer aux flammes huit à neuf cents enfants innocents. Rien n'est écouté; il n'y avait pas plus de cœur que de raison dans ces êtres inhumains, qui, se voyant à l'agonie, en éprouvaient le délire... Voyant tout inutile, M. le Directeur, avec le major, qui est de la Commune pourtant, mais qui veut se sauver, partent pour aller prévenir l'état-major du général de Cissey, à Mont-Rouge, de ce qui se passe, et leur demander du secours. Son dévouement lui fait oublier le danger, car c'est à travers les balles et la mitraille qu'il fait cette course.

Faut-il parler de notre anxiété? de ce qui se passait intérieurement dans tous les cœurs? Hélas! serait-il possible de l'exprimer?... Non, non, Dieu seul sait ce qu'on éprouve en face de cette perspective : sept à huit cents enfants de un jour à vingt et un ans, malades, infirmes, aveugles, etc., etc.; soixante filles de service, que le dévouement a tenues à leur tâche malgré tous les dangers, vingt-cinq nourrices sédentaires, quinze à vingt nourrices de campagne, venues pour chercher des nourrissons, et qui n'ont pu repartir, puis, tous les gens de service et les employés, et, avec cette population, le feu mis à la maison !.. Il faut y être passé pour comprendre ce qu'on éprouve. C'était bien le cas, comme le disait notre bienheureux Père saint Vincent, de montrer si on avait confiance en Dieu... Eh bien ! oui, nous pouvons dire que nous avons espéré quand même, et que ce n'est jamais en vain que l'on met sa confiance dans le Seigneur !...

Pendant l'absence de M. le Directeur arrive le chef incendiaire. Mais Dieu est là avec sa toute-puissance, et il va nous la montrer. Cet homme, dont le visage respirait la fureur, venait prévenir, et exécuter immédiatement la menace faite le matin. Il était une heure, ma Sœur Supérieure et Mme Morisot, femme du Directeur, étaient ensemble sur le carré d'entrée. Il va droit vers elles, et leur fait connaître sa mission. Mme Morisot, épouvantée, demande en grâce une heure de délai pour faire évacuer la maison. — Une heure, madame, répond d'une voix terrible cet envoyé de Satan, une heure?.. quand chaque minute est si importante ; dans un moment où, cernés de toutes parts par ces assassins versaillais, nous pouvons être pris? une heure ? Pas même cinq minutes...

— A ces mots, Mme Morisot demeure atterrée. Ma Sœur prend vite la parole : — Monsieur, dit-elle, avec l'onction d'un cœur navré de douleur, vous êtes peut-être père, vous me comprendrez. Aurez-vous le courage de faire des victimes de tant d'enfants innocents?.. Ne vous laisserez-vous point toucher?... Oh ! je vous en conjure!... — Ma Sœur s'arrête ; il

est ébranlé, ému, il pâlit, demeure quelques secondes silencieux et réfléchit : — Ma Sœur, dit-il enfin, je crois en Dieu,
vous ne serez point brûlées. — A ces mots, nos cœurs se
dilatent, nous ne savons comment le remercier, nous le
suivons. Arrivé à la porte : — Ne me remerciez pas, dit-il,
et il sortit. Quelques instants après, il était fusillé pour le
seul crime de nous avoir épargnées.

Une de nos Sœurs, dont le service donne sur la barricade,
examinait ce qui allait se passer ; elle voit un chef, à grande
ceinture rouge, qui monte sur la barricade, en brandissant
son sabre, et qui, les yeux fixés sur la maison, s'écrie :— Lancez
la pierre ! — Aussitôt la Sœur, ne doutant point que le moment
de consommer le sacrifice ne soit arrivé, court prévenir ma
Sœur, et va au réfectoire, où étaient réunies celles de nos
Sœurs qui n'étaient pas nécessaires dans leurs offices, pour
leur dire ce qu'elle vient de voir et d'entendre. Au même
moment, part une détonation épouvantable, qui fait sentir une commotion telle que la maison en est ébranlée ; la
plupart des croisées tombent, les vitres se brisent, nous
sommes renversées et couvertes de verre; nous croyions
être tous englouties. On ne peut se rendre compte de ce que
cela peut être. C'était la poudrière du Luxembourg qui
avait sauté. On se relève enfin, on court, on se précipite
instinctivement vers la cave, quand un cri se fait entendre :
— Sortez des caves ! une seconde secousse et la maison
croule ! Au bois ! au bois ! —Chacun veut sortir le premier, on
se tire, on se heurte, et cela dans un escalier de cave, avec
des enfants de tout âge ! Mille accidents, ce semble, devaient
inévitablement arriver : pas un cependant n'eut lieu. On
court au bois sous une pluie de projectiles ; nous les voyions
tomber à nos pieds et les entendions siffler sur nos têtes presque
à chaque pas ; nous n'y faisions nulle attention. Enfin l'armée occupe le jardin des aveugles, attenant au bois. Elle a
entendu la détonation et les cris, elle croit à l'incendie, ac-

court à notre secours, et, pénétrant par cette même brèche,
faite par les insurgés pour se sauver, les soldats nous retirent
du danger.

Voilà comment Dieu tourne tout au bien de ceux qui le
craignent ; ce que l'homme a préparé pour notre perte devient notre salut. Ce petit trou sert de passage à un millier
de personnes, et cela, je crois, dans moins d'une demi-heure,
par l'entremise de trois soldats de la ligne. On ne voit que
ces six bras, passant tour à tour pour prendre le premier
qui se présente ; tous y passent, même les mourants, enve-
loppés dans leurs couvertures. Pendant que ces trois soldats
nous font passer, les autres, craignant que les insurgés n'arrivent par derrière, s'empressent de créneler le mur tout
du long afin de pouvoir les mitrailler. Impossible de donner une idée de cette scène, de ce tableau de notre départ.
Voyez-vous plus de deux cents jeunes orphelines dans une
cave, trois cents orphelins d'un autre côté dans leur division, les salles de chirurgie et d'ophthalmie avec tous ces
enfants échappés, les yeux bandés ; les salles de médecine
avec ces malades, ces mourants, et ces pauvres convales-
cents qui ne marchent que soutenus sous les bras ? Eh bien !
tous furent emmenés, oui, tous, jusqu'à un expirant, mais dont
on n'avait pas la certitude qu'il eût rendu le dernier soupir.
Toute la maison, employés, ménages, nourrices, garçons de
service, tous, en un clin d'œil, se trouvent réunis, juste en
face de cette petite brèche à laquelle on arrive par un tas de
charbon. M. l'Aumônier se trouve aussi au milieu de sa
population, et, dans son zèle, au moment où chacun se
sauve au plus vite, il donne une absolution générale.
Plusieurs de nos Sœurs et autres personnes qui étaient
là avouent que, pas plus que nous, elles n'ont songé à
faire leur acte de contrition. On n'avait qu'une pensée,
s'éloigner des flammes. La plus grande partie de nos enfants avait déjà passé par la brèche et fuyaient à tra-

vers les jardins, quand une de nos filles de service, restée une des dernières dans la maison, arrive en criant : —
C'est l'explosion de la poudrière du Luxembourg, la barricade est libre! — Aussitôt les soldats s'élancent. — Mes
Sœurs, nous disent-ils, nous allons vous venger, et, un officier à leur tête, ils partent à la poursuite des insurgés. A
peine arrivés à la barricade, deux sont blessés par des balles venant d'une autre barricade, faite tout à côté, dans la
rue Cassini. Ils sont portés à l'ambulance, les autres ont
continué leur marche.

Revenons à nos émigrés. Où sont-ils? nous avons cru
n'aller qu'aux Aveugles et à Marie-Thérèse pour chercher
le refuge du moment, mais point du tout. L'armée, indignée
de la barbarie des insurgés, craignant que nous ne soyons
encore en danger, veut nous sauver à tout prix. Les soldats
prennent les enfants : Avancez, avancez, et de jardin en
jardin, faisant des brèches à chaque mur, ils les conduisent
jusqu'au cimetière Montparnasse, occupé par les Versaillais.
Un petit orphelin, fatigué sans doute ou trop impressionné,
se trouve mal; la Sœur croit qu'il va mourir. Est-il bap-
tisé? c'est sa première pensée; elle n'en sait rien, elle cherche de l'eau, elle n'en trouve point; elle court et arrive à un
petit ruisseau; mais comment prendre l'eau? point de vase,
rien du tout; elle pense à son dé, le cherche au plus vite :
c'est si petit! Que faire donc? elle serre ses doigts, fait de
sa main un godet et emporte de l'eau suffisamment pour ré-
générer ce cher enfant. De pareils récits venant de la
Chine ne surprendraient point; mais, dans Paris, se voir ré-
duit à de pareilles extrémités!... Nous traversons le cimetière
au bruit du canon et de là mitraille; le sifflement des obus
est épouvantable ; il faut se jeter à terre quand on croit
qu'ils vont éclater près de nous, puis on continue la marche. Chacun s'intéresse à notre petite population émigrante.
Ce bataillon d'enfants, encore tout effrayé, émeut tous ceux

qui les voient passer; c'est un concert d'imprécations contre les insurgés. On s'offre à soulager nos pauvres filles de service, en prenant dans les bras les malades qu'elles portent. Il y en a de si grands, de douze et quatorze ans! Il faut avouer que cela tenait du miracle : passer ainsi de brèche en brèche, et cela pendant bien plus d'une heure, car c'est jusqu'à Vanves qu'on nous a conduits; avoir la force, dis-je, de porter des malades un si long espace de temps! c'est à n'y pas croire. Oh! que Dieu est bon!... Nous arrivons à un château abandonné de son propriétaire depuis les événements. On le met à notre disposition; il est grand, très-grand, et cependant pas encore assez. — La divine Providence ne nous abandonnera point. — Non loin de là, à Plaisance, rue Pernetti, on trouve la maison des Frères maristes inhabitée aussi; elle est immédiatement affectée à nos pauvres petits exilés. Les garçons et les nourrices vont à Plaisance, et les autres demeurent au château.

Nous avions un abri, oui; mais, il faut bien le dire, avec la pauvreté de Bethléem : pas un lit, pas une chaise, pas de linge pour nos enfants, et comment s'en procurer?... Pour les bien portants, ce n'était rien, mais les pauvres malades!... Les jeunes gens employés dans les bureaux étaient venus avec nous; ils se montraient d'un dévouement admirable, cherchant tous les moyens possibles de nous procurer le nécessaire; ils firent eux-mêmes les courses et allèrent très-loin pour trouver à louer des matelas. N'ayant pu en avoir, ils étaient aussi désolés que nous, et se sont montrés tout le temps d'une bonté parfaite, sans cesse occupés à tout ce qui pouvait être utile et à faire du bien aux enfants. A défaut d'autres lits, ils nous avaient amené deux grandes charretées de paille. Il fallut bien se résigner à en faire des couchettes; nous voilà donc en train d'en emporter chacun le plus possible et d'organiser nos am-

bulances Mais toujours de nouveaux incidents... — Ma Sœur !
ma Sœur, entend-on tout à coup, un petit sevré qui se
meurt... — La Sœur va vite et voit son bébé prêt à expirer.
Que faire ? lui ouvrir le Ciel est l'important. Plus heureuse
que dans notre course à travers les jardins, la Sœur trouve
de suite un petit gobelet où, dans le fond, est resté un peu
d'eau ; elle ondoie son enfant et bénit la Providence d'avoir
pu en faire un chrétien. Bientôt après il augmentait au Ciel
la troupe des Anges chantant les louanges de Dieu.

Quel spectacle navrant que ces malades et ces mourants entassés sur la paille sans draps, sans couvertures, vomissant les
uns sur les autres, demandant à boire et réclamant à chaque
instant leurs lits ! — Ma Sœur ! s'écriaient ces petites voix, je
veux aller dans mon petit lit. — Pauvres enfants, ils ne com-
prenaient point le glaive qu'ils enfonçaient dans nos cœurs !...
Hélas ! qu'il est pénible de voir souffrir et de ne pouvoir
soulager !... Cependant le bon Maître ne nous laissa pas
sans consolation. A peine avions-nous installé de notre
mieux notre cher petit monde, qu'arrive vers nous une foule
de personnes du peuple, nous apportant chacune ce qu'elle
possède, l'une, un pain, l'autre un sac de charbon, une
troisième un petit paquet de pommes de terre, etc., etc.,
jusqu'à des douceurs : des pastilles, des biscuits, des croqui-
gnoles, et ce n'est qu'entre nos mains qu'on veut déposer
tout cela. Et en nous le donnant avec le cœur bien gros et
les yeux pleins de larmes, ils nous disaient : — Ma Sœur,
c'est pour vous et pour vos enfants ; nous regrettons bien
de n'en pas apporter davantage, mais c'est tout ce que nous
avons. — Pauvres gens !... On était touché de leur charité.
D'autres, un peu plus huppés, accouraient aussi : — Mes
Sœurs, vous êtes bien fatiguées, venez coucher chez nous,
il y a deux matelas, nous en mettrons un par terre dans
une petite salle et vous serez bien tranquilles dans votre
chambre.— Le lendemain, ils vinrent encore renouveler leur

offre. Une bonne vieille femme, couverte de haillons, apporte aussi son offrande : c'est un vieux berceau de paille avec deux mauvais petits coussins, probablement toute sa richesse ; eh bien ! il nous rendit grand service. Un de nos bébés, de seize mois, était presque mourant d'une pneumonie jointe à la rougeole. Avec quel bonheur nous le couchâmes dedans ! il était bien mieux que sur la paille ; aussi il dormit une partie de la nuit. A huit heures et demie à peu près, arrivent trois dames qui furent on ne peut plus émues en voyant ces pauvres malades... Que faire ? s'il n'y en avait eu que trois ou quatre, mais un si grand nombre ! Les couvrir était la seule chose possible. Elles retournent vite dans leur maison et reviennent, nous apportant des couvertures et des veilleuses pour pouvoir faire chauffer la boisson. Ne trouve-t-on pas de bonnes âmes partout ? Elles se mirent à notre disposition avec la plus charitable bonté, nous suppliant de leur demander ce dont nous aurions besoin, qu'elles seraient trop heureuses de pouvoir nous aider, nous soulager et nous être utiles en quelque chose. Nous leur promîmes de profiter tout simplement de leur bienveillante complaisance.

La nuit était arrivée, nous nous asseyons sur un peu de paille, au milieu de nos enfants. Une de nos Sœurs n'en pouvant plus, harassée de fatigue, cherchait comment elle pourrait se reposer un peu : la paille, sans doute, lui suffisait, le divin Maître s'en était bien contenté, mais elle voulait un endroit séparé de la foule. A côté de la salle où étaient les enfants se trouvait un tout petit cabinet, où nous venions de déposer un enfant de six ans, mort en arrivant. Que fait la Sœur ? elle étend de la paille à côté du corps inanimé de cet enfant, et, malgré cette triste compagnie, y passe la nuit. Il eût été difficile ou plutôt impossible de dormir ; les obus ne cessaient de siffler sur nos têtes. Nous crûmes, deux ou trois fois, qu'ils étaient tombés et avaient éclaté sur la maison; nous n'étions donc pas encore à l'abri de tout danger.

Avant de commencer la journée du 25, retournons à l'Hospice voir comment se termina celle du 24, et ce qui se passa de ce côté. Ma Sœur Supérieure n'a pas quitté la Maison, elle y est restée avec quelques Sœurs et quelques filles. Je laisse la parole à une des Sœurs présentes.

« Pendant qu'on passait à la première brèche pour s'enfuir, nous avons vu partir la troupe à la poursuite des insurgés. Elle rentra quelque temps après; j'étais sur le carré, à l'entrée de la Maison, attendant une réponse pour une malade. L'officier, avec quelques soldats, s'avança vers moi : — Ma Sœur, me dit-il, vous avez, dans la maison, des insurgés blessés? — Oui, monsieur, lui répondis-je, on en a porté hier à l'ambulance. — Je désire les voir... Comme le capitaine, qui était venu le matin reconnaître la barricade, avait dit que s'ils bronchaient on les passerait au fil de l'épée dans leurs lits, je ne pus m'empêcher de frissonner : — Monsieur, ajoutai-je, je vous en conjure... Il comprit ma crainte : — Ma Sœur, dit-il, soyez tranquille; je ne leur ferai point de mal, je veux seulement m'assurer d'eux. — Je montrai l'ambulance, mais sans y aller, car je ne savais trop ce qui allait se passer. Se retournant vers les soldats : — J'en ai assez de quatre, leur dit-il; baïonnette au fusil! Et ils partirent. Je les vis entrer à l'ambulance, et presque aussitôt en sortir par une autre porte. L'officier avait son revolver à la main. Il vint droit à moi, je ne pouvais comprendre ce qu'il y avait : — Ma Sœur, me dit-il, les insurgés n'y sont plus, que sont-ils devenus? — Monsieur, je n'en sais rien, ils se sont sans doute évadés dans la bagarre. Ce qu'il y a de certain, c'est que personne ne les y a autorisés. Le major était parti avec M. le Directeur avant l'explosion pour prévenir le général du danger dont nous étions menacés. La Sœur de l'ambulance est partie une des premières avec ses grandes orphelines...— A ce moment j'aperçus le major qui avait la maladresse de revenir, car il était de la Commune; j'en fus saisie. L'officier, d'un ton sévère, lui demanda compte des insurgés blessés, lui disant qu'il en répondait : — Ils sont à l'ambulance, dit le major tout tremblant. — Allons les voir, et ils y allèrent ensemble. Pour moi, je demeurais les bras et les jambes cassés; je ne me sentais point le courage de les suivre, et cependant l'officier ne va-t-il point décharger son revolver sur le pauvre major, et son âme ?... A cette pensée je fais quelques pas et, fort heureusement, j'aperçois ma Sœur; je cours vers elle, lui dis ce qui se passe, et la supplie d'aller vite à l'ambulance. Elle eut le bonheur d'arranger les affaires. Il était temps...

« Les pauvres soldats, harassés de fatigue, de faim, de soif, n'en pouvaient plus ; nous les fîmes asseoir et leur donnâmes à manger et à boire. Certes ils nous avaient rendu assez de services ! Ils étaient contents et heureux de nous avoir sauvés. — Soyez tranquilles, nos Sœurs, nous disaient-ils, vous n'avez plus rien à craindre; quand nous tenons une place, nous la tenons bien. Vous pouvez, maintenant, rester dans la maison ; nous vous garderons. — Mais, s'ils revenaient? disions-nous. — Nous les repousserons; nous allons mettre nos batteries à la porte. Voilà la guenille rouge que nous venons d'arracher; donnez-nous le drapeau tricolore, que nous allions le placer. — Nous l'envoyons chercher. En l'apercevant nos soldats sont vite levés de table, ils ne songent plus à leur fatigue, c'est à qui montera l'arborer. Nous leur donnons ensuite toutes les armes que les insurgés avaient fait apporter la veille, et ils partent tout joyeux, chacun avec une lourde charge de fusils.

«Au moment de l'explosion, tout le monde était parti sans avoir reçu aucun ordre; le danger imminent où l'on se trouvait était, je crois, une raison bien suffisante. Mais ma Sœur

Supérieure, demeurée au poste, ne savait point du tout ce qu'était devenu tout le personnel de la maison ; nous étions une dizaine au lieu d'un mille, l'hospice était désert. Où sont tous les autres? que deviennent-ils? Voilà l'objet de l'anxiété du moment présent. Jusque-là les émotions ont été si vives, les dangers si pressants, qu'on n'a pu que s'abandonner entièrement entre les mains de Dieu sans songer à autre chose. Ma Sœur nous envoie donc à la recherche de la famille. Nous partons en suivant le chemin frayé et passant aussi de brèche en brèche, jusqu'au cimetière Mont-Parnasse, occupé par les Versaillais. Ils comprirent bien ce que nous cherchions, nous indiquèrent la route et nous conduisirent. Mais quel tableau nous avions sous les yeux!.. Les cadavres étaient enlevés, il est vrai, mais des mares de sang, des cervelles éparpillées, des membres mutilés, des lambeaux d'habits, des marbres brisés, des bières avec leurs morts qu'on n'avait pas pu mettre dans les fosses, et qui étaient toutes recouvertes de grosses mouches, etc. C'était affreux... Ce n'était point assez de ce spectacle épouvantable, les balles pleuvaient, et les obus sifflaient de toutes parts ; on prenait alors l'énorme barricade de la rue Saint-Jacques et du boulevard Arago. — Couchez-vous, nos Sœurs, s'écriaient à chaque instant les bons militaires, un obus! — Toutes préoccupées d'arriver, nous marchions toujours. Nous étions téméraires, mais nous comptions avec assurance sur les prodiges du Seigneur. Il nous avait gardées et protégées avec une telle tendresse et tant d'amour que nous ne savions, pour ainsi dire, plus craindre. Au détour d'une allée que nous suivions, une de nos Sœurs se trouve auprès de la tombe de sa sœur. Elle se croyait bien loin de là. Tout émue, elle se met à genoux et nous avec elle, malgré le sifflement des obus, auprès de ces restes, qui lui sont si chers, et nous prions un moment en silence ; puis nous continuons notre route.

« Après avoir marché bien longtemps encore, nous nous trou-

vons enfin au milieu de nos exilés. Hélas ! ce n'était pas gai, et
cependant que d'actions de grâce n'avions-nous pas à rendre
à Dieu de nous avoir, nous et tout ce petit peuple, si miraculeu-
sement sauvés, protégés, conduits, mis à l'abri, et tout cela
sans ombre d'accident! C'était bien le cas de nous écrier
comme sainte Thérèse : Non, ma vie ne sera point assez
longue, j'ai besoin de toute l'éternité pour vous rendre
grâce, ô mon Dieu !... Ma Sœur Supérieure nous avait dit
que si tout le monde n'était pas nécessaire, il serait à dési-
rer que quelques personnes rentrassent, afin que la maison
ne fût pas entièrement abandonnée. Il fut donc décidé que
les Sœurs qui n'étaient point aux enfants, quelques filles et
deux hommes, allaient retourner à l'hospice. On partit en
reprenant le chemin que nous avions suivi pour venir. Auprès de la tombe où nous nous étions arrêtées en allant, se
trouvait un détachement d'artilleurs avec leurs chevaux.
Quand nous repassons, une ou deux heures après, nous
voyons un de ces chevaux étendu mort, le poitrail ouvert
par un obus. Les militaires, effrayés de nous voir passer,
nous crient : — Mes Sœurs, ne reprenez pas ce chemin ; il n'est
plus praticable, la mitraille y pleut. — Que faire ? il faut bien
arriver, ma Sœur nous attend. Nous continuons quand
même, mais un peu plus loin un chef nous barre le passage
avec son sabre. — On ne peut passer, nous dit-il, le danger est
trop grand. — Force nous est de chercher une autre route, au
risque des mêmes périls. Nous faisons un détour, redéscen-
dons, et arrivons enfin à la grande porte du cimetière. Là,
comme ailleurs, les mitrailleuses et les canons envoient leurs
projectiles à profusion. Un obus vient éclater à nos pieds,
quelques-unes de nos filles sont renversées, mais point d'accident, nous en sommes quittes pour la peur. — Nous faisons alors comme les soldats qui sont devant nous, nous
courons, frôlant les murs afin de nous abriter, et arrivons
enfin à cette bienheureuse brèche du jardin de Marie-Thé-

rèse. Nous nous enfonçons au plus vite, et commençons à respirer, car là nous étions à l'abri du danger, et nous arrivons à la maison encore tout essoufflées et hors d'haleine. Nous rendons compte à ma Sœur de la situation de la famille, et de notre périlleuse course.

« Le soir était venu, les combats s'étaient éloignés. Tristes, navrées de douleur, nous nous trouvions une dizaine seulement dans notre pauvre hospice, dont les vitres, les fenêtres, les portes, étaient brisées. Il nous semblait être dans un désert ; la rue, la barricade, noircies par les coups de feu, tout était devenu silencieux, sinistre. L'incendie du Bon-Pasteur continuait encore à dévorer les tristes restes de ce sanctuaire béni !.. Avec les trouées faites par les insurgés, impossible de se fermer chez soi. De plus, les pétroleuses, on le savait très-bien, parcouraient les rues, avec leur rage infernale, mettant partout le feu. Pas une lumière ne fut permise pour la nuit. Oh! que volontiers on se serait écrié comme le Divin Maître : Mon âme est triste jusqu'à la mort !... Tout à coup on frappe. C'était le major (communiste) demeuré à l'ambulance pour les blessés. Il était pâle et tremblant... — Mes Sœurs, dit-il, vous êtes perdues et moi aussi, puisque je suis resté ici !... Voyez dans la rue, les Versaillais ont le dessous, ils sont repoussés, dans quelques minutes les gardes nationaux seront ici. De grâce, vite, vite, je vous en conjure, ôtez le drapeau tricolore et ne laissez que celui de l'ambulance ; sans quoi, nous sommes tous massacrés !.. — A cette nouvelle, nous l'avouons, la frayeur se fit fortement sentir. Plus mortes que vives, nous allons voir : en effet la rue était pleine de canons, de mitrailleuses, de soldats remontant du côté de Montrouge. Le sang se glace dans nos veines ; la peur, mais une peur terrible, nous saisit. Nous nous réunissons au réfectoire, appartement où nous étions le plus à portée de savoir ce qui se passe, et, après avoir bien prié, nous y passons la nuit. Quelle nuit !... il vaudrait mieux dire quel siècle de douleurs et d'angoisses !... Chaque coup de canon nous faisait battre le cœur : avance-t-on ? recule-t-on ?.. Oh ! qu'il nous tardait qu'il fît jour ! Enfin, ce moment tant désiré arriva. Où en est-on ? nous demandions-nous ; où sont les ennemis ?... Nous apprîmes, avec bonheur, qu'ils continuaient à être repoussés ; et que ce recul de l'armée, que nous avions pris pour une défaite, n'était qu'une tactique de leur part pour cerner l'insurrection sur un seul point. Nous fûmes donc rassurées, et nous nous mîmes en devoir de déblayer un peu les offices, d'enlever tout le verre cassé qui jonchait les salles, afin que nos émigrés pussent rentrer le plus tôt possible. Nous n'eûmes plus d'alertes et fûmes tranquilles. »

Retournons, maintenant, à Vanves, et voyons ce que fait, ce que devient notre cher petit troupeau que nous avons laissé, couché sur la paille, et qui a passé ainsi la nuit du 24 au 25. Les bien portants ont dormi, et sont déjà dans les grands jardins. Les pauvres malades n'en peuvent plus. Nos Sœurs des infirmeries ne peuvent se résigner à les voir si mal ; elles cherchent M. le Directeur pour demander à rentrer. Il craint qu'il n'y ait encore du danger ; et puis, touché de la merveilleuse protection de Dieu, dans cette évasion si subite, si prompte, il lui semble que ce serait manquer de délicatesse à l'égard de ce bon Maître, que de ne point profiter, pendant quelques jours, de l'hospitalité que sa Divine Providence nous avait préparée.

Devant des sentiments aussi chrétiens, il n'y avait qu'à s'incliner et à s'immoler coûte que coûte. Cependant sa bonté ne voulut point nous laisser souffrir, ou du moins il voulut diminuer autant que possible notre souffrance. La maison de Plaisance, nous dit-il, est plus grande, plus gaie, il y a quelques matelas ; vous y serez peut-être mieux ; allons voir. Avec lui nous partons immédiatement. Il nous fait visiter toutes les salles et choisir celles que nous trouvons les plus convenables. Notre choix fait, il donne ordre de les nettoyer, d'y descendre les matelas, pendant que nous partons, toutes contentes, chercher nos malades et nos infirmes. En route nous rencontrons la Sœur de l'ouvroir avec une figure tout impressionnée, blanche comme sa cornette. Où allez-vous donc? lui demandons-nous. — Trouver M. le Directeur : nos enfants étaient dans le parc, assises sur l'herbe, elles venaient de déjeûner, lorsqu'une balle est arrivée et a traversé la jambe de l'une d'elles (c'était le premier et le seul accident qui nous fût arrivé). Et elle continue sa route. M. le Directeur, atterré de cette nouvelle, vint au plus vite, fit transporter la petite fille à l'Enfant-Jésus, et donna ordre d'amener tout le monde à Plaisance.

Nous fûmes heureuses à la pensée d'être toutes réunies. Les malades étaient déjà prêts; nous avions pris une vingtaine de nos grands garçons pour nous aider et ne faire qu'un voyage; nous nous mettons en route. Comment dépeindre ce spectacle? — A-t-on jamais vu un pareil défilé? — Mourants, malades, aveugles, estropiés, éclopés, etc., et tout cela des enfants! Oh! il faut l'avouer, les cœurs les plus endurcis n'auraient pu demeurer insensibles. Tout le monde accourt sur les portes, on nous suit, on se groupe, on nous arrête, plusieurs milliers de personnes nous entourent. Hommes, femmes, tous sont émus, ils pleurent, ils sanglotent. On nous questionne : — Votre maison est-elle brûlée? vous a-t-on chassées? etc., etc. — On nous plaint, on nous loue, on crie : Vivent les Sœurs! etc., etc. Il nous tardait d'arriver, car, au milieu de pareilles scènes, il est difficile de ne pas se laisser impressionner, et, malgré tous nos efforts, il nous fut impossible de ne point mêler nos larmes à celles de la foule. Nous voilà enfin à la porte, nous entrons vite, et montons dans nos salles. Avec quel bonheur nous couchons nos chers malades! Les lits ne sont pas encore bien doux : un matelas par terre! Mais cela vaut mieux que de

la paille, et puis ils ne sont pas entassés, nous avons plus
d'espace. Dans le courant de la journée, tout le reste du
personnel, demeuré encore au château, arrive ; on se case
comme l'on peut, et, gaiement, on accepte les privations du
moment. Après avoir logé tout notre monde, nous trouvons
une petite salle ; c'était l'infirmerie des Frères. Le Bon Maître
nous l'avait sans doute réservée. Nous en faisons notre Communauté, et, selon les moments et les circonstances, elle devient notre chapelle, notre réfectoire, notre dortoir. L'ameu-
blement ne nous gêne pas ; des chaises, il n'en faut pas chercher, ce serait du luxe ; un poêle et des sommiers, voilà tout
ce qu'il y a. Mais la pauvreté et les privations, ce n'est
pas ce qui attriste ; aussi, malgré tout cela, nous y avons
passé de bons moments. Nous ne pouvions nous empêcher
de rire quand nous arrivions pour dîner. D'abord, il n'y
avait pas grande vaisselle à monter, et heureusement, car
c'était au troisième et la cuisine était au sous-sol. Un petit
morceau de viande sur du pain est excellent, quand avec
appétit on le mange gaiement. Assises sur nos sommiers,
nous riions de bon cœur, nous voyant, chacune, notre petit couteau à la main, mangeant à la façon des bons paysans.
Cependant, il faut tout dire, nous avions encore du luxe :
M. le Directeur et M. l'Économe, qui avaient pour nous
toutes les bontés et les attentions possibles, nous envoyaient
de l'eau de seltz et du café en nous faisant dire de le prendre,
de nous bien soigner, de n'avoir point de scrupule, parce
qu'à Plaisance, il n'était point question de nos saintes règles,
et que nous n'étions pas forcées de les observer. Nous rîmes
beaucoup de ces réflexions, et remerciâmes ces messieurs
de leurs soins et de leurs prévenances. Quand arrivait l'heure
du coucher, avouons-le, nous profitions presque de la dis-
pense. Nous ne pouvions garder le silence et notre sérieux,
en nous voyant étendues, tout habillées, bien entendu ; nous
n'avions que le sommier ; je me trompe, nous avions aussi

des oreillers, mais pas ordinaires : je suis bien sûre qu'on ne devinerait jamais ce que c'était ; il faut donc le dire : c'étaient de vieilles soutanes des frères. Nous en avions trouvé une certaine quantité, mises de côté, et en avions chacune fait notre profit. Il n'est pas étonnant qu'avec de pareils lits de campement on enfreigne la règle du silence par quelques petits éclats de rire et quelques réflexions singulières suggé-rées par les circonstances du moment. Le Bon Maître, cer-tainement, n'en aura pas été fâché.

Nous sommes demeurées ainsi jusqu'au samedi 27, jour fixé pour la rentrée à l'hospice. Nous le désirions vivement, car nous étions loin d'avoir tout ce qui était nécessaire pour nos pauvres malades. Heureusement, il n'en était mort que deux : le premier tout en arrivant, et il avait pu être trans-porté ; il avait fallu garder le second. Voilà nos grands om-nibus qui arrivent, à grand'peine, car le chemin est affreux. Nous ne pouvons partir que bataillon par bataillon, bien entendu. On commence par les infirmeries. Nous voilà donc entassant, autant que possible, notre monde, et parvenons à les faire tous monter, même le petit mort que je tiens sur mes genoux, comme un enfant vivant que j'ai l'air de soi-gner, afin qu'on ne s'en doute pas, et nous partons. Notre transport fut vraiment le complément des merveilles qui s'opéraient depuis huit jours à notre égard. Le chemin était véritablement impraticable pour des voitures chargées... Des barricades à demi démolies, des rues dépavées, des trous énormes creusés ; bref, si la divine Providence n'eût eu le soin de placer, tout le long de la route, des sergents de ville, qui, à chaque instant, prenaient les chevaux par la bride, les faisaient monter sur le trottoir et doucement re-descendre, je crois bien que nous serions allées voir ce qui se passe dans l'éternité. Nous avions des secousses épou-vantables ; nos enfants poussaient des cris effrayants, tom-baient les uns sur les autres ; nous pouvions à peine espérer d'arriver à bon port. Cependant, comment n'avoir pas entière confiance, après l'expérience que nous venions de faire de l'attention toute paternelle et de la protection toute-puissante du Divin Maître? Aussi c'est ce qui nous tranquillisait.

Enfin nous arrivons, les épreuves sont finies, nous rentrons dans nos services. Nos chers enfants malades retrouvent leurs petits lits qu'ils ont tant réclamés. Nous les y mettons en arrivant, et ils s'y trouvent si bien qu'ils s'endorment aussitôt sans avoir rien pris. Nous ne saurions exprimer le bonheur que nous éprouvions, en les considérant dans leurs berceaux, dormant si paisiblement; et si notre cœur ne nous eût pressées d'aller au pied du Tabernacle, rendre grâce à Jésus, nous ne nous serions pas lassées de les admirer... Peu à peu, tout le monde arrive, et voilà notre chère maison des Enfants-Trouvés repeuplée de tous ses habitants. Chacun est heureux de se revoir, de se retrouver, hélas!.. pouvait-on l'espérer?.. Et nos soixante filles de service, pouvait-on supposer, qu'au milieu de tant de dangers, elles ne voulussent point rentrer chez elles?.. Pas une n'a quitté son poste.— Tant que les Sœurs resteront, disaient-elles souvent, nous resterons. — C'est bien dans ces circonstances, que nous avons vu leur dévouement, et le courage que donne la piété. Elles ont été admirables. Au moment du départ, croyant le feu à la maison, aucune n'a pensé à fuir et à se sauver. Les enfants! voilà leur premier cri; et leur premier mouvement a été d'en prendre chacune un, deux et même trois; puis elles couraient à l'infirmerie, où, à cause des mourants, on n'avait pu les descendre tous à la fois. L'une d'elles est demeurée, au risque de tout danger, jusqu'à ce qu'on ait pu emporter le dernier. Pendant notre séjour à Plaisance, un jour, ayant absolument besoin de linge pour nos enfants, M. le Directeur envoie les hommes de service à la maison pour en chercher; à moitié chemin, ils reviennent, disant qu'il est impossible de passer à cause de la mitraille ; nos filles entendent cela, elles voient les malades qui souffrent, rien ne les arrête, elles partent. Nous les laissons aller, ayant confiance en la protection divine, qui, certainement, doit bénir un si grand zèle. En effet, elles arrivent au terme, prennent ce qu'il leur faut, et reviennent saines et sauves. Qu'il est bien vrai de dire que ce que le bon Dieu garde est bien gardé ! Oui, et sous les ailes de la Divine Providence, les traits de l'ennemi ne peuvent pénétrer.

Nous avons passé six jours au milieu de nos bourreaux ; nous pouvons les appeler ainsi, puisque nous devions être fusillées : c'était résolu, arrêté, et une heure plus tard l'arrêt aurait été exécuté. La place était désignée, nous l'avons vue et y sommes passées en nous sauvant ; et pendant ces six jours pas un seul n'osa même approcher de trop près. Nous pouvons donc bien nous écrier, avec le Prophète : « Seigneur !.. vous n'en avez pas fait autant pour toutes les nations !.. » Quelles actions de grâce vous rendrons-nous, ô mon Dieu !.. Que vous offrir en reconnaissance de tant de bienfaits ?.. Hélas ! nous n'avons que notre misère, nous reconnaissons notre impuissance pour répondre à tant d'amour. Mais nous ne sommes point seules, vous nous avez donné Jésus !.. Eh bien ! c'est avec ce trésor que nous acquitterons nos immenses dettes. Nous le conserverons dans nos cœurs par la fidèle observance de nos saintes Règles, et sans cesse nous vous l'offrirons comme gage Eucharistique !...